UNE ÉTAPE

DE

NAPOLÉON Ier

AVALLON (16-17 MARS 1815)

PAR

M. André ROSSIGNEUX

Extrait du *Bulletin de la Société des Sciences historiques et naturelles de l'Yonne*, 1er semestre 1912.

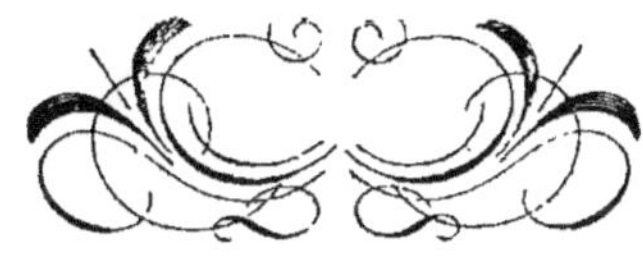

AUXERRE

TYPOGRAPHIE ET LITHOGRAPHIE A. GALLOT, RUE DE PARIS, 47.

—

1913

UNE ÉTAPE DE NAPOLÉON Ier

AVALLON (16-17 Mars 1815)

Par M. André ROSSIGNEUX.

La nouvelle du débarquement de Napoléon au golfe Jouan ne dut causer aucune joie aux Avallonnais : en 1814, ils avaient fait preuve de peu de patriotisme et la Municipalité « s'était pour ainsi dire donnée à l'ennemi » ; aussi avons-nous été surpris de ne trouver nulle part une adresse au Roi analogue à celles qu'envoyèrent, vers le 10 mars, les Munici-palités d'Auxerre, Brienon, Joigny et Sens. A-t-elle disparu dans la tourmente des Cent Jours ? Dans tous les cas, le re-gistre des délibérations du Conseil municipal d'Avallon n'en a pas conservé de traces.

Le 14e de ligne, commandé par le colonel Bugeaud, arriva à Avallon le 14 mars; passé en revue à Orléans le 27 février par le duc et la duchesse d'Angoulême, qui avaient distribué quel-ques croix (1), le régiment, ou plus exactement les deux pre-miers bataillons, à l'effectif de 929 hommes (2), devaient se rendre au camp de Chalon-sur-Saône. On apprit à Montargis le retour de Napoléon; malgré les officiers, les cris de « vive l'Empereur » se firent aussitôt entendre (3); à Auxerre, le 12 mars, Bugeaud ne put dissimuler au maréchal de camp Boudin de Roville, commandant le département de l'Yonne,

---

(1) Contrôle du 14e de ligne. (Archives administratives du Minis-tère de la Guerre.)

(2) Pajol au général comte Saint-Alphonse, Bugeaud à Soult, 6 mars. (Arch. historiques de la Guerre. Corresp. générale.) Il ne restait, au 3e bataillon, aucun homme disponible en état de faire le service. (Maison à Soult, 7 mars. Arch. Guerre.)

(3) Clarke à Bugeaud, 16 mars. (Arch. Guerre.) Cf. Moncey à Clarke, 16 mars.

que si son régiment se trouvait en présence de Napoléon, il passerait de son parti (1). Il semble donc étrange que Boudin de Roville n'ait pas gardé le régiment à Auxerre et lui ait laissé continuer sa route au-devant de l'usurpateur (2), en prescrivant cependant à Bugeaud de rétrograder si les circonstances l'exigeaient.

Le Maire d'Avallon, M. Raudot (3), fut plus perspicace et écrivit au Ministre de la Guerre, le 13 mars, à 9 heures du soir :

« Monseigneur,

« Deux bataillons du 14ᵉ nous sont annoncés depuis quel-
« ques jours comme devant arriver à Avallon demain 14 et
« y séjourner le 15. On avait pensé, d'après les événements,
« que cette troupe recevrait contre-ordre, et l'officier qui vient
« d'arriver pour faire les logements nous a dit que le colonel
« et les officiers de ce corps l'avaient cru aussi et qu'ils étaient
« inquiets de se voir presque abandonnés. Il semble, d'après
« tous les récits que s'accordent à faire les voyageurs arrivant
« par la route de Lyon, que ce corps, s'il continue sa route, soit
« exposé au danger de la séduction ou de rencontrer un en-
« nemi supérieur. J'ai pensé qu'il était de mon devoir de vous
« écrire à ce sujet, pensant qu'il serait possible que des évé-
« nements imprévus eussent empêché vos ordres de parvenir à
« cette troupe par les voies ordinaires.
« J'ai l'honneur d'être, avec le plus profond respect, etc. (4). »

Les deux bataillons du 14ᵉ, continuant leur route vers une

(1) Boudin à Soult, 12 mars. (Arch. Guerre.)

(2) Il n'écrivit au Ministre de la Guerre que le 14 mars : « Le 14ᵉ couche ce soir à Avallon et il y a séjour demain, j'ai cru devoir arrêter sa marche et lui donner l'ordre de s'arrêter à Avallon jusqu'à ce que vous m'ayez fait connaître vos instructions et même de rétrograder si cela devenait nécessaire. Veuillez, Monseigneur, me faire passer vos ordres. » (Arch. Guerre.)

(3) Jean-Edme-Michel-Auguste Raudot, né le 20 novembre 1775. Maire d'Avallon depuis novembre 1813, chevalier de la Légion d'honneur.

(4) Arch. historiques de la guerre, Corr. générale. Le même jour, le Ministre décidait de faire rétrograder le régiment sur Melun, mais il était trop tard.

inévitable défection, couchèrent le 13 à Vermenton (1) et arri-
vèrent le lendemain à Avallon. Bugeaud y apprit que la cocarde tricolore avait été arborée à Autun. Craignant que les habitants de cette contrée « ne gâtassent l'esprit de ses soldats
resté très bon jusqu'alors », il prit sur lui — probablement
d'accord avec le commandant du département (2) — d'arrêter
ses deux bataillons. Il n'avait pas perdu un homme pendant la
marche, et le régiment « s'était très bien conduit » (3).

Suivant les événements, le colonel comptait attendre des
ordres à Avallon, ou se jeter sur Digoin ou sur Nevers; il pré-
venait le général Heudelet (4) de sa détermination (.), mais,
en même temps, il avait envoyé en courrier le lieutenant Jean
Gérard porter à l'Empereur l'adhésion du régiment (6). Gérard
rejoignit Napoléon à Chalon, eut avec lui une audience « qui
ne dura pas moins d'une heure », et reçut de sa main la croix
de la Légion d'honneur (7).

Les événements se précipitaient : dans la nuit du 14 au
15 mars, le général Girard arriva à Avallon. Napoléon l'avait
envoyé en avant pour faire arborer la cocarde tricolore et s'assurer l'appui du 14ᵉ de ligne. La garde nationale d'Autun l'avait
arrêté à la porte des Marbres, mais Girard ayant violemment
menacé la Municipalité de la colère de l'Empereur, on dut cé-
der et lui fournir des chevaux de relais (9) pour continuer sa
route sur Avallon.

Le général reçut l'adhésion des officiers du 14ᵉ (10); les co-

(1) Où donc M. Joseph Durieux a-t-il vu que les deux bataillons
firent défection dans cette localité ? *Feuilles d'histoire*, 1ᵉʳ avril
1912.

(2) Cf. Boudin à Soult. Auxerre, 14 mars.

(3) Bugeaud au Ministre de la Guerre (Clarke, duc de Feltre, depuis le 13 mars), Avallon, 14 mars. (Arch. Guerre, Corr. générale.)

(4) Commandant la 18ᵉ division à Dijon, mais à cette époque le
général s'était retiré sur Troyes.

(5) Bugeaud à Clarke, 14 mars.

(6) Dupré, *Fastes du 14ᵉ de ligne.*

(7) Contrôles du 14ᵉ. (Arch. Guerre.)

(8) Mort le 21 juin 1815 des suites des blessures reçues à Ligny
le 16.

(9) Charles Boëll, *Un Chapitre de l'histoire d'Autun, l'année* 1815,
page 16.

(10) Voici comment le général comte Dupont, ancien Ministre de
la Guerre de Louis XVIII, raconte la défection du régiment : « Je

cardes blanches jonchèrent le sol et le régiment rebroussa chemin vers Auxerre pour y faire proclamer l'Empereur (1). Mais Girard eut moins de succès auprès du Maire d'Avallon : la ville était encore tapissée des proclamations du Roi : *Nouvelles officielles*, débarquement de Bonaparte, convocation des Chambres par le Roi (2); *Ordre du jour* ordonnant la formation d'un bataillon, sous la dénomination de gardes du Roi (3); *nouvelles extraites du Journal Officiel*, proclamations et ordonnances de Louis XVIII (4); ces chiffons de papier s'opposaient seuls à la marche triomphante de Napoléon, car il n'y eut presque pas de volontaires dans l'Avallonnais (5), et la garde nationale, composée sur le papier de quelques centaines d'hommes, ne désirait, pas plus qu'en 1814, échanger des horions avec les « envahisseurs ».

Le Maire, cependant, n'entendait recevoir d'ordres que de son Roi; le 16 mars, dès 9 heures du matin, le général Girard lui envoya les proclamations de Napoléon, datées du golfe

m'empresse de transmettre à Votre Excellence les détails que je viens de recevoir à l'instant sur la défection du 14ᵉ régiment de ligne. Ce régiment était à Avallon, résistant aux insinuations des habitants qui tentaient de le porter à la trahison, lorsque le général Girard y est arrivé et a entraîné ce corps dans le parti de Bonaparte. Le colonel a paru vivement affecté de cet affreux événement, et on croit qu'il va rentrer dans le chemin de l'honneur et du devoir avec la plupart de ses officiers, et il est à présumer qu'un certain nombre de soldats les suivront. Tous mes rapports confirment que la fatale défection de nos soldats est due en très grande partie aux manœuvres coupables des habitants. La Bourgogne est particulièrement la province où règne le plus mauvais esprit... » (Dupont à Clarke, Orléans, 19 mars.)

(1) Voir *Une Étape de Napoléon Iᵉʳ*, Auxerre. *Bulletin de la Société des Sciences de l'Yonne*, 2ᵉ semestre 1910.

(2) Auxerre, 9 mars; affiche signée par le Préfet Gamot, imprimée chez Le Coq, rue Royale, à Auxerre. (Bibliothèque Charles Lepère.)

(3) Auxerre, 13 mars; signée par le maréchal de camp Boudin de Roville, imprimée chez Le Coq. (Bibliothèque Charles Lepère.)

(4) Réimprimé par ordre du Préfet de l'Yonne, affiche de Le Coq. (Bibliothèque de la *Société des Sciences de l'Yonne*.)

(5) Trois « volontaires royaux », levés dans l'Yonne en mars, devaient rejoindre Louis XVIII à Gand. Ce sont les nommés Courtin, de Vergigny; Martin et Barat, d'Auxerre. (Arch. Yonne, garde nationale, 1815.)

Jouan, avec l'ordre de les publier et de les faire afficher.
M. Raudot refusa d'exécuter cet ordre et vint chez le général
lui exposer les raisons de son refus motivé sur le serment qu'il
avait prêté au Roi (1).

Un officier, présent à l'entretien, prit la parole pour com-
battre les scrupules du Maire sur son serment; depuis vingt-
cinq ans, ce n'était qu'une pure formalité que l'on remplissait
à chaque changement de gouvernement, et, comptant sur ses
doigts, il fit constater qu'il avait déjà prêté sept serments.
« C'est ce qui fait, répliqua M. Raudot, qu'un huitième serment vous coûte moins à prêter. Quant à moi, je n'ai prêté que
deux serments dans ma vie, l'un à l'Empereur qui m'en a
délié par son abdication, et l'autre au Roi, dont je ne sais qui
pourra me délier. » Le général et l'officier ne purent parvenir
à le faire changer d'avis (2).

M. Raudot convoqua le Conseil municipal (3) pour l'informer
de ce qui venait de se passer. A peine quelques membres
étaient-ils réunis, qu'on vit arriver « en grande hâte » un officier d'ordonnance de Napoléon qui vint sommer le Maire de
reconnaître l'autorité de l'Empereur. M. Raudot tint bon et

(1) Fabry, *Itinéraire de Buonaparte.*

(2) Fabry, pages 185 et suivantes. Cf. Raudot, *Une Heure des Cent
Jours.*

(3) En mars 1815, le Conseil municipal d'Avallon se composait de
François Forestier, chirurgien; Jacques Dericherolles, professeur
(nommés le 30 décembre 1814); Malot, procureur du Roi; Pierre-
Nicolas Houdaille, juge suppléant; Pierre-Etienne Gariel, président
du Tribunal de commerce; Chapotot, secrétaire de la Sous-Préfecture; Meslier, président du Tribunal civil; Edme-Jean Vaury, avoué;
Richard, substitut du procureur du Roi; Compagnot, em-
ployé à la recette particulière; Denesvre-Delisle, chevalier de Saint-
Louis; Mocquot, marchand de bois; Antoine Joachim, capitaine re-
traité; François Dulac, négociant; Antoine-Nicolas Detroyes, propriétaire; Raudot, colonel baron Nérin, Guillaume-Bénigne-Fran-
çois Baudenet, Chausson, Peloux, géomètre; Thibault, juge; Sou-
pault, marchand; Comynet, imprimeur. La grande majorité était
foncièrement royaliste. Le 19 janvier 1815, M. Comynet disait au
Conseil municipal : « Ce que Sa Majesté Louis le Désiré a déjà
fait pour ses sujets nous montre que le vœu le plus ardent de son
cœur est de cicatriser toutes les plaies faites à la France pendant
une absence si douloureuse à son amour pour les Français et si
funeste pour eux. » (Registre des délibérations du Conseil municipal d'Avallon.)

persista dans son refus. Mais l'officier d'ordonnance obtint du baron Nérin (1), « moitié par menaces, moitié par caresses », ce qu'il n'avait pu obtenir de l'inflexible fonctionnaire, et Avallon redevint bonne ville de l'Empire, malgré son Maire (2).

Le baron Nérin alla à cheval au-devant de l'Empereur qui, depuis Saulieu, devançait son avant-garde, accompagné seulement de ses lanciers polonais et du 13ᵉ dragons (3); le maître de poste de Rouvray, Bizouard, l'avait déjà « conduit » plusieurs fois (4), il retrouvait donc une vieille connaissance et un fidèle, car le maître de poste était resté ardent bonapartiste : « Allons, Bizouard, mon vieux et fidèle ami, vite des

(1) Claude Nérin, né à Lyon le 30 juillet 1756, entré au service à dix-neuf ans comme simple soldat au régiment de Brie, sous-lieutenant le 12 janvier 1792; il était capitaine l'année suivante. Colonel du 64ᵉ de ligne, par arrêté du 12 vendémiaire an XII, en remplacement du colonel Charlot, promu général de brigade, Nérin fut nommé gouverneur de la place d'Ulm après la prise de cette ville pendant la campagne de 1805. Il conserva ce poste jusqu'en mars 1807, époque à laquelle il fut admis à la retraite sur sa demande, « ne pouvant faire aucun service actif ni monter à cheval ». Il se retira à Avallon, où Napoléon le nomma officier de la Légion d'honneur, membre du collège électoral du département, et, en mai 1808, baron de l'Empire avec les armes : « d'or à la tour crénelée de sable, franc quartier de baron sorti de l'armée, livrées jaunes, rouge et sable ». A la première Restauration, il avait sollicité la croix de Saint-Louis. Mort à Avallon le 9 novembre 1839, après avoir été colonel de la garde nationale de la ville pendant de longues années. Il était cousin germain de l'avoué Houdaille et avait épousé Mlle Françoise Arthault de Vergonsey.

(2) Fabry, op. cit.

(3) Fleury de Chaboulon, Monier, *Une Année de la vie de Napoléon*. Message télégraphique envoyé au Ministère de la Guerre. (Arch. Guerre, Corr. générale.) Cf. *l'Ile d'Elbe et les Cent Jours*. Raudot, *Mes Oisivetés :* « La voiture arrive au grand trot, escortée par des soldats de cavalerie couverts de boue. »

(4) En mai 1798, Napoléon passa par Rouvray pour prendre le commandement de l'armée d'Egypte. En mai 1800, il se rendit à l'armée d'Italie et revint par la même route après Marengo. Le 9 janvier 1802, le Premier Consul prit la route de Lyon pour présider la *consulta* de la République Cisalpine qui se réunit dans cette ville; il avait couché à Lucy-le-Bois chez le maître de poste. Enfin, le 1ᵉʳ janvier 1808, l'Empereur traversa incognito la région en revenant de son voyage en Italie. Les Avallonnais lui élevèrent un arc de triomphe.

chevaux, on m'attend à Paris. » Bizouard, accompagné de ses
deux fils, conduisit l'impérial voyageur à Avallon en moins
d'une heure (1). Sur la route, les habitants l'acclamaient avec
enthousiasme (2); on accourait à la rencontre de sa voiture
avec des drapeaux et des cocardes tricolores; aux acclamations
se joignaient les cris « A bas les Rats (3) », ou bien « A bas
la Calotte » (4).

« En Bourgogne comme en Dauphiné, c'étaient des chansons différentes, mais roulant sur les mêmes idées », écrira
Napoléon à Sainte-Hélène (5); les chansons improvisées par
les populations furent innombrables. Napoléon déclarera au
Maire d'Avallon qu'il en fut composé plus de trois mille (6) :
« le Roi et les nobles étaient loin d'y être ménagés (7) », et en
voici quelques échantillons :

> Napoléon, sa gloire
> Est au-dessus des rois.
> Il trouve la victoire
> Par ses nobles exploits.
> Il bannit l'esclavage
> Par sa divine loi (*bis*).
> Français, reprends courage,
> Il reviendra vers toi (*bis*).
> Amis, chantons en ronde,
> Vive Napoléon !
> Jusqu'à la fin du monde
> Qu'on révère son nom (8).

Ou bien :

> Bon ! Bon ! Bon ! Napoléon
> Est de retour en France.

(1) *Courrier de la Côte-d'Or*, 19 décembre 1839. Gally, *L'Empereur et le maître de poste.*
(2) Peyrusse, *Mémorial et Archives*, p. 298. « Sa Majesté trouva
sur la route d'Avallon les mêmes sentiments que dans les mon-
tagnes du Dauphiné. »
(3) *L'Ile d'Elbe et les Cent Jours.*
(4) Lieutenant Monier, *Une Année de la vie de Napoléon.*
(5) *L'Ile d'Elbe et les Cent Jours.*
(6) Raudot, *Une Heure des Cent Jours.*
(7) Monier, p. 173.
(8) Se chantait sur l'air : *Partant pour la Syrie.* Bibliothèque
d'Auxerre, *Chansons sur le retour de Napoléon.*

> Bon ! Bon ! Bon ! Napoléon
> Rentre dans sa maison.
> Oh ! ma chère Patrie !
> Tu revois pour jamais
> Cette aigle si chérie,
> L'honneur du nom français !

Et encore :

> Roule ta boule, roi cotillon,
> Va planter des choux en Angleterre,
> Roule ta boule, roi cotillon,
> Rends ta couronne à Napoléon.
> Tous les soldats fidèles
> Le revoient de grand cœur.
> Ils témoignent leur zèle
> A ce grand Empereur.
>   Bon ! Bon ! etc.

Les quatre voitures (1) composant le cortège impérial quittèrent la grande route entre Pont-de-Cerce et Sauvigny-le-Bois, pour prendre l'embranchement d'une lieue qui se détachait sur Avallon ; l'Empereur, instruit par le colonel Nérin du peu d'empressement qu'avaient mis les autorités à le reconnaître, ne se rendit pas à la Sous-Préfecture où il avait déjà passé la nuit du 6 au 7 mai 1800, il descendit à l'hôtel de la Poste, sur la place Bourbon (place Napoléon sous l'Empire), presque en face de la poste aux chevaux, rue de Lyon, tenue alors par Louis-François Barban (2). Il était quatre heures de l'après-midi (3).

Une foule énorme se pressait sur la place, « vile populace grossie par un grand nombre de paysans attirés par la foire », écrira l'avocat royaliste Fabry, et « poussant les vociférations les plus brutales ». L'Empereur occupa une chambre du pre-

---

(1) L'Empereur voyageait avec le grand maréchal Bertrand, les autres voitures étaient occupées par le général Drouot, les secrétaires et les valets de chambre Marchand et Jaillis. (Voir *Une Etape de Napoléon Iᵉʳ, Auxerre.*)

(2) Né le 8 octobre 1761, mort le 23 mars 1826. (Renseignements fournis par M. Louis Barban.)

L'hôtel de la Poste avait abrité, l'année précédente, deux voyageurs de marque : le roi de Prusse Frédéric-Guillaume (incognito sous le nom de prince Repnin) et le duc d'Orléans, le futur roi des Français. (Arch. Yonne, police générale, Mᶜ.)

(3) Fabry, *Itinéraire de Buonaparte.* Cf. Fleury de Chaboulon.

mier étage qui existe encore et dont les deux fenêtres donnent
sur la place; à côté se trouvait un petit salon avec balcon. On
se pressait, on s'étouffait pour apercevoir le revenant de l'île
d'Elbe; une foule si nombreuse et si opiniâtre se bousculait devant l'hôtel, qu'il était impossible aux personnes de la suite
d'entrer ou de sortir « sans passer sur le corps à toute la popu-
lation du pays » (1).

Le service d'ordre était assuré par la garde nationale réunie
grâce aux soins du baron Nérin, et les hommes qui en faisaient
partie voulaient rester en faction sans discontinuer (2).

Napoléon se montra plusieurs fois au balcon et salua ses
fidèles; quand il apparaissait, les cris de « Vive l'Empereur »
redoublaient et les paysans agitaient leurs chapeaux au bout
de leurs aiguillons (3). Les bourgeois et artisans de la ville, qui
n'étaient pas restés chez eux, se montraient beaucoup plus ré-
servés (4).

Un grand nombre d'officiers en demi-solde étaient accourus
à l'hôtel de la Poste; l'Empereur reconnut un capitaine de sa
vieille garde, Eugène Gagniard, « la figure de travers » : « Eh
bien, Eugène, tu chiques toujours; que fais-tu ici ? » — « Sire,
je ne perds pas mon temps », déclara le grognard qui avait fait
tous ses efforts pour raviver à Avallon les sentiments impéria-
listes (5). Napoléon s'entretint aussi avec Andoche Febvre (6),
qui avait servi pendant douze ans comme capitaine et comman-

(1) Fleury de Chaboulon, page 187.
(2) Ibid.
(3) Souvenirs communiqués par M. Depoid. La foire d'Avallon at-
tire toujours de nombreux paysans qui viennent vendre leurs bes-
tiaux.
(4) Raudot, *Une Heure des Cent Jours*.
(5) Renseignements fournis par M. Louis Gagniard. Le capitaine
Gagniard, décoré au camp de Boulogne, ne dépassa pas le grade
de capitaine, car il avait un penchant assez marqué pour la dive
bouteille. Sur son rôle à la bataille de Dresde le 27 août 1813, voir
les *Cahiers de Coignet*. Il mourut quelques semaines plus tard, au
moment de l'entrée des alliés à Avallon. Son frère, docteur en mé-
decine, était loin d'être bonapartiste.
(6) M. Febvre était alors âgé de quarante-cinq ans. Ancien avocat,
il avait rempli les fonctions de sous-préfet pendant l'invasion
de 1814. Nommé pendant les Cent Jours membre de la Chambre
des représentants. Son fils Pierre Andoche fut maire d'Avallon et
membre du Conseil général. Mort en 1876.

dait la garde nationale; il lui remit la croix de la Légion d'honneur (1); le capitaine Antoine Joachim, conseiller municipal, déjà légionnaire (2), fut fait officier; le chef d'escadrons Marlinge, les capitaines Paul Lombard, Gabriel Renaud, Joseph Compère, le caporal Perrot, vieux soldat légionnaire (3), reçurent des compliments et la promesse d'être employés à nouveau.

Le maître de poste de Rouvray prit congé de son Empereur en versant d'abondantes larmes et sollicita pour toute rémunération « la grâce énorme de l'embrasser »; il l'obtint aisément (4).

Cependant, malgré toutes ces effusions, le front de César restait soucieux, les autorités ne se présentaient toujours pas (5). L'Empereur, qui entendait être traité en souverain (6), fit donner au Maire un avis indirect de son arrivée. Sur les sept heures du soir, un officier se présenta chez M. Raudot, lui dit qu'il était attaché au grand-maréchal et lui exprima son étonnement de ne pas le voir solliciter la faveur d'une audience

---

(1) Arch. nat., F III, Yonne, 3, note du préfet Gamot. Au commencement de 1793, Andoche Febvre s'était rendu au camp dit de Paris à la tête de la jeunesse d'Avallon. Ce camp n'ayant pas eu lieu, Febvre se vit abandonné de sa compagnie qui déserta tout entière. Il resta seul et ramena à Avallon le drapeau qui lui avait été confié. (Arch. Yonne, F 47.)

(2) Antoine Joachim, né à Avallon le 13 janvier 1760, soldat au régiment d'Artois de 1781 à 1789, puis maréchal des logis chef au 19ᵉ chasseurs à cheval, avait fait toutes les campagnes de la République et de l'Empire jusqu'en 1808. A cette époque, il était, par suite des blessures qu'il avait reçues et des fatigues de la guerre, « aussi cassé à quarante-huit ans que s'il en avait soixante-dix ». (Certificat délivré par l'officier de santé Godin, le 1ᵉʳ septembre 1808.) Il avait épousé Mlle Velin et mourut le 3 octobre 1824, en laissant une fille. (Arch. de la Légion d'honneur.)

(3) Arch. Yonne, *Statistique personnelle*, 1817.

(4) *Courrier de la Côte-d'Or*, 19 décembre 1839.

(5) M. Chamerot, greffier de la justice de paix, s'empressa d'aller faire sa cour à l'Empereur. Sa conduite le fit révoquer à la rentrée des Bourbons. Père d'une nombreuse famille (un de ses fils avait servi au 2ᵉ régiment de gardes d'honneur), M. Chamerot dut s'expatrier; il alla se fixer à Paris et y fonda une imprimerie qui fut le berceau de l'importante maison d'édition. (Communication de M. le pasteur Vincent.)

(6) Fabry, op. cit.

de Sa Majesté. Il appuya cet avis amical de l'exemple des autorités de Grenoble et de Lyon; en même temps, il lui remit les journaux de ces deux villes et l'engagea à ne pas attirer, par une conduite différente, des désagréments à ses administrés.

Le Maire répondit : « Je ne dois pas chercher des règles de conduite dans la *Gazette de Lyon*, ni dans celle de Grenoble; nommé par le Roi, je n'ai ni titre ni motif pour me présenter chez Napoléon. J'ai déjà fait ma profession de foi à cet égard au général Girard et à l'officier d'ordonnance, mais si le refus de paraître doit attirer quelques désagréments aux habitants, je me rendrai à l'hôtel de la Poste avec le Sous-Préfet pour recommander la ville. »

L'officier se contenta de cette réponse et quitta le Maire en lui répétant que sa démarche toute amicale ne lui avait point été dictée; ce qu'il assura avec une affectation qui convainquit tout le monde du contraire. M. Raudot partit sur-le-champ avec le Sous-Préfet Barjaud-Dessignes (1); le Commissaire de police Chausson (2), qui se trouvait présent, voulut aussi être de la partie (3).

Arrivés à l'hôtel de la Poste, on les fit attendre quelques minutes; pendant ce temps, Napoléon donnait audience à un officier qu'ils virent sortir; c'était celui qui était venu donner au Maire l'avertissement *amical*. Les trois fonctionnaires furent introduits dans le petit salon par un officier demeurant à Avallon (4); l'Empereur fit quelques pas au-devant d'eux et la conversation s'engagea dans les termes suivants : « Sire,

(1) Nommé à Avallon le 22 juillet 1814, en remplacement de Romain. Au mois d'avril 1815, dans une adresse à Napoléon, les autorités civiles se plaignirent de son mauvais esprit et le désignèrent comme un émigré dévoué aux Bourbons. (Fouché à Gamot, 25 avril, Arch. Nation., F¹ᶜ III, Yonne 10.) Barjaud-Dessignes fut remplacé par Vaury, avoué à Avallon, puis par Gautier, juge à Chalon-sur-Saône (10 juin). M. Barjaud-Dessignes reprit son poste au retour des Bourbons.

(2) François-Nicolas Chausson était alors âgé de 65 ans. Nommé à Avallon le 27 vendémiaire an XII, il fut remplacé le 23 novembre 1815 par Paul-Guillaume Millot, par arrêté du Préfet de Goyon, qui l'avait signalé au gouvernement comme bonapartiste.

(3) Fabry, page 189.

(4) Fabry, à qui nous empruntons ces détails, ne peut préciser lequel.

nous venons recommander la ville à votre indulgence (1). — Vous êtes Maire ? — Oui, Monsieur (2). — Monsieur est votre adjoint ? — Monsieur est Sous-Préfet. — Depuis quand êtes-vous Sous-Préfet ? — Depuis huit mois. — Monsieur est-il adjoint ? — Monsieur est le Commissaire de police. » Napoléon s'informa ensuite « des moyens pris pour assurer les vivres » et du nombre de boulangers qu'il y avait dans la ville, puis il passa à des questions plus importantes : « Que dit-on ici de Paris ? — Les voyageurs qui ont passé ces jours derniers disent tous que Paris est tranquille et qu'on y est dans une grande sécurité. On est loin de se douter de la rapidité de votre marche. Tous ces voyageurs parlaient de l'enthousiasme qui régnait à Paris pour le Roi, et des dispositions favorables des cinq régiments qui composent la garnison. — J'ai reçu des adresses de félicitation et des assurances de dévouement de quatre de ces régiments (3), et le général Maison m'a écrit il y a quelques jours, pour me demander la permission de faire une proclamation dans un sens royaliste; je le lui ai permis... (4). Je rentre en France où j'ai mon armée; partout elle reçoit mes ordres et y obéit; il ne peut y avoir et il n'y aura de résistance nulle part. Les cours royales mêmes de Grenoble et de Lyon ont senti qu'il était inutile de s'exposer à être persécutées. Dans six ou huit mois, vous auriez eu une révolution terroriste, dont aucun de ceux qui sont à la tête des affaires n'aurait pu diriger les résultats d'une manière favorable à la France. Le Roi est un bon homme, il a des moyens, d'assez bonnes vues; mais il est entouré de gens qui le trompent, d'une noblesse féodale qui le fait agir dans un sens contraire à la Révolution dont il fallait suivre les mouvements; les autres princes sont des bêtes. Le duc d'Orléans a plus de moyens; peut-être eut-il su tirer quelque parti des

(1) Raudot, *Une Heure des Cent Jours*. De retour chez lui après l'audience de l'Empereur, M. Raudot en rédigea de suite la relation exacte. Elle fut publiée en 1833 par M. Raudot fils (1801-1879), à l'imprimerie de Comynet, et plus tard, en 1863, dans *Mes Oisivetés*.

(2) Napoléon ne témoigna aucun mécontentement à cette appellation qui peut sembler étrange, car il était tout au moins le souverain de l'île d'Elbe reconnu par les principales puissances au traité de Fontainebleau.

(3) Au 16 mars, aucune adresse n'était encore parvenue.

(4) Est-il besoin de souligner l'invraisemblance de cette assertion ? Maison accompagna le Roi à Gand.

événements, mais il aurait travaillé pour lui... Moi seul, je pouvais éviter à la France les maux dont elle était menacée, et j'ai quitté l'île d'Elbe... J'ai passé la mer sur des barques semblables à celles dont vous vous servez pour transporter vos denrées sur les canaux ou sur les fleuves, et je suis venu au travers des flottes ennemies, avec 600 hommes, débarquer en Provence... J'espère bien qu'il n'y aura pas un seul coup de fusil de tiré; quelle résistance pourrait m'être opposée ? L'armée entière est pour moi; le maréchal Ney m'a amené ses troupes et vous verrez sa proclamation, elle est fort bien faite (1). J'ai quarante mille hommes sur cette route; le maréchal Oudinot marche avec ma garde sur Paris (2); le peuple partout m'accueille comme un libérateur. J'entrerai à Paris comme je suis entré à Grenoble et à Lyon; la garnison de Paris et les chefs sont à moi; la garde nationale m'est à moitié dévouée... Je ne suis d'accord avec personne qu'avec le peuple et l'armée; aucune puissance n'agit de concert avec moi (3); je n'avais pas besoin de l'étranger, et je n'aurais pas voulu l'appeler pour m'aider à reconquérir mon Empire. Mais j'ai choisi un moment favorable : au Congrès, il y avait des difficultés entre les plénipotentiaires... » Et comme on criait au dehors : *Vive l'Empereur !* et quelques voix : *Plus de droits réunis !* « Ils disent tous cela : *Plus de droits réunis !* Probablement que cet impôt ne convient point à la nation française... Ils m'ont demandé partout de l'abolir, mais je n'ai rien promis... Je ne flagorne point le peuple, je ne lui promets rien. » Puis revenant au sujet qui lui tenait à cœur : « Le Roi et les princes ont manqué à leurs promesses. Ils ont avili l'armée et la gloire nationale. Ils ont jeté dans l'esprit du peuple des craintes sur la propriété des biens nationaux. Le Roi n'a rien fait, à la vérité, de positif pour les discréditer, mais on a souffert que les journaux bavardassent à ce sujet; qu'à la tribune des députés on laissât échapper des mots équivoques; les princes se sont entourés de gens qui n'étaient plus Français, puisqu'ils combattaient depuis vingt-cinq ans contre la France. Tous les honneurs ont été pour ces gens-là; une partie des biens affectés à la Légion d'honneur a été destinée aux cheva-

---

(1) La proclamation avait été faite par l'Empereur lui-même.
(2) Cette déclaration n'était pas exacte.
(3) Cependant, au défilé de Laffray, Napoléon avait déclaré « être d'accord avec les trois premières puissances de l'Europe ».

liers de Saint-Louis; un des premiers actes du Roi a été de supprimer la maison des orphelins de la Légion. Vingt mille officiers étaient sans emploi, on a créé officiers trois ou quatre mille jeunes gens qui n'avaient jamais servi et qui étaient destinés à sortir successivement de la maison du Roi pour remplacer les anciens officiers de l'armée.... Les étrangers eux-mêmes étaient étonnés de l'avilissement où l'on voulait plonger ceux à qui la France devait tant de gloire. Les princes auraient dû se rendre populaires, ils ne l'ont point fait. Henri IV, remontant sur le trône, changea de religion, et ce grand changement offrait à ses peuples des motifs de sécurité et de soumission; le Roi, en rentrant en France, aurait dû oublier d'anciennes idées et, s'identifiant avec cette Révolution dont la marche n'avait pu être arrêtée, gouverner d'une manière populaire pour s'attacher les peuples... Mais le Roi et les princes n'avaient point connu la Révolution, non plus que les hommes rentrés avec eux; ils ne pouvaient pas la connaître, et étaient par conséquent incapables de gouverner la France dans les circonstances présentes. Ce soin ne peut appartenir qu'à une dynastie née dans le sein même de cette Révolution... De Lyon, j'ai réglé ce qui doit être fait : je casse la Chambre des Pairs, parce qu'elle est composée en partie de gens qui n'ont eu pour titre d'admission que celui d'avoir porté les armes contre leur Patrie pendant vingt-cinq ans. Je casse la Chambre des Députés, parce que leurs pouvoirs sont expirés, et que n'ayant pas été réélus d'une manière légale, ils ne sont plus les représentants de la Nation... Je convoque à Paris, en assemblée du Champ-de-Mai, tous les collèges électoraux; je réunis ainsi trois cent mille hommes autour de moi, et je ne crains point que leur vœu soit manifesté. Les Bourbons ne l'ont pas osé, et je l'ose. »

L'entrevue dura une heure, Napoléon était « bientôt sorti de son calme apparent » (1). Il ne tenait pas en place, prenant à chaque instant du tabac, soit dans sa tabatière, soit dans une poche de son gilet, « tantôt ses yeux lançaient des éclairs, tantôt ils paraissaient d'une douceur extrême ».

Il semblait qu'il voulût fasciner ses interlocuteurs.

Les trois fonctionnaires écoutaient debout ce long monologue, abasourdis par tant de paroles débitées avec une extrême

_____

(1) Raudot, *Mes Oisivetés.*

volubilité (1). Mais le Corse ne parvint point à séduire le Maire
d'Avallon : en sortant de la pièce où Napoléon avait donné audience, M. Raudot remit sa démission au grand-maréchal Bertrand ( ). L'Empereur le remplaça par le baron Nérin qui lui
porta, le 30 mai suivant, l'adresse du nouveau Conseil municipal et se rallia cependant plus tard au gouvernement de
Charles X ( ).

Nous n'avons pu retrouver aucun détail sur le dîner de
l'Empereur à l'hôtel de la Poste; s'il faut en croire Fleury de
Chaboulon : « Les femmes les plus distinguées de la ville pas-
sèrent le jour et la nuit dans les escaliers et dans les corridors
pour guetter son passage. Trois d'entre elles, fatiguées de s'être
tenues debout toute la journée faute de sièges, nous deman-
dèrent la permission de s'asseoir près de nous; c'était dans une
salle où l'on avait jeté à terre des matelas pour que nous puis-
sions reposer quelques moments. Rien n'était plaisant comme
de voir ces trois jeunes et élégantes bonapartistes groupées ti-
midement sur un grabat, au milieu de notre sale bivouac. Nous
cherchâmes à leur tenir compagnie, mais nos yeux se fermaient
malgré nos efforts. Dormez, nous dirent-elles, nous veillerons
sur l'Empereur.

« Effectivement, la fatigue l'emporta sur la galanterie, et bien-

(1) « Dix fois les fonctionnaires tentèrent de prendre congé
(ce qui paraît un peu osé, étant donné les circonstances). Buonaparte les retenait toujours par quelques nouvelles questions ou par
quelque addition aux précédentes. Il y avait de sa part de la
gaieté, de l'abandon, un grand laisser-aller, une familiarité poussée
à l'excès. » (Fabry, *Itinéraire de Buonaparte.*)

(2) Raudot, *Une Heure des Cent Jours.* Cf. *L'Ile d'Elbe et les
Cent Jours.* « Le Maire d'Avallon n'était pas venu au-devant de
l'Empereur, il le fit appeler; c'était un homme timide; *sur la demande des habitants,* il nomma un autre Maire, en donnant des
ordres et recommandant qu'il ne fut fait aucun mal à l'ancien. »
L'attitude de M. Raudot fut récompensée sous la seconde Restauration; le 14 août 1815, il était élu Député de l'Yonne.

(3) Les membres des tribunaux de première instance et de commerce, les conseillers d'arrondissement, allèrent-ils faire leur cour
à l'Empereur ? Il serait téméraire de l'affirmer; cependant les tribunaux envoyèrent des adresses le mois suivant. (Arch. Nat., A F⁴
1949.)

Les conseillers municipaux jurèrent « obéissance aux constitu-
tions de l'Empire et fidélité à l'Empereur » le 22 avril. (Registre
des délibérations.)

tôt nous nous endormîmes honteusement à leurs pieds. A notre réveil, nous trouvâmes l'une de ces dames en faction à la porte de Napoléon; il le sut et la remercia de son dévouement en termes fort aimables et fort polis (1). » Malgré l'affirmation du second secrétaire, nous avons tout lieu de supposer que les dames en question n'étaient pas « les plus distinguées de la ville » (2).

Avec la nuit, la petite cité avallonnaise redevint tranquille, on n'entendit plus que le bruit de l'ouragan qui sévissait avec une violence extrême (3). L'Empereur travaillait dans sa chambre; le lieutenant Lefol, neveu du général, porteur d'une dépêche importante pour Napoléon, nous a laissé le récit de son entrevue. Parti d'Autun dans l'après-midi, il arriva à Avallon entre onze heures et minuit : « Je me dirigeai vers une maison dont les fenêtres au rez-de-chaussée étaient éclairées, et là, j'appris avec bonheur que c'était l'hôtel de la Poste où précisément l'Empereur était logé. Sans perdre de temps, sans prendre même la peine de faire sécher mes habits, je me fis conduire auprès du général Bertrand qui était couché. L'Empereur, avide de nouvelles, me reçut.

« Inondé de pluie, couvert de boue, la première chose que je fis en entrant fut de m'appuyer sur un des côtés du lit de l'Empereur. J'étais tellement mouillé que l'eau qui ruisselait de mon manteau alla jusqu'aux pieds de l'Empereur, alors étendu sur un mauvais canapé. Napoléon portait une robe de chambre et un foulard, négligemment attaché, couvrait sa tête. Une table couverte de papiers, avec deux bougies, était devant lui; près de la croisée se trouvait une chaise sur laquelle on avait étendu sa redingote et posé son chapeau; son épée, que probablement l'on avait voulu appuyer contre cette chaise, avait glissé et se trouvait par terre; plus loin, sur une petite table, était aussi un portefeuille, un nécessaire de voyage et une boîte qui sans doute servait de tabatière. Quant au

----

(1) Confér. Barginet, *Le Grenadier de l'Ile d'Elbe,* tome II, page 205.

(2) Il est à remarquer que dans ses annotations aux mémoires de Fleury (l'original est conservé au Musée de Sens), Napoléon ne s'est pas insurgé contre cet épisode. Il est probable qu'il l'a trouvé de son goût.

(3) Lefol, *Souvenirs sur le retour de l'Empereur,* page 47.

reste de l'ameublement, il était d'une simplicité plus que
modeste (1). »

Napoléon le reçut « avec un air de bonté qui le mit à l'aise »
et fit du général Lefol l'éloge le plus flatteur. Le lieutenant
ayant rendu compte de sa mission (il devait informer l'Empereur de la marche d'un régiment qui venait le rejoindre),
Napoléon le félicita de son zèle et de son activité et adressa
plusieurs questions sur l'effet que devait produire sur l'armée
son retour en France, si l'on avait toujours conservé pour lui
la même confiance, le même attachement...

L'entretien dura vingt minutes; pour y mettre fin, l'Empereur lui frappa légèrement sur l'épaule en signe d'intérêt :
« Allez vous reposer et venez demain matin me trouver pour
recevoir mes ordres. » Avant de se retirer, Lefol alla relever
son épée qu'il posa sur sa redingote (2).

L'Empereur fut aussi rejoint à Avallon par le sous-lieutenant Guillermin, du 4ᵉ hussards (3), accouru de Paris pour le
renseigner sur l'état des esprits. Napoléon lui donna la croix
de la Légion d'honneur sur sa demande, mais comme il l'avait
déjà reçue du comte d'Artois quelques mois auparavant, la
grande chancellerie ne lui envoya pas son brevet; cet officier
« avait une grande envie des décorations et aimait à figurer
dans l'escorte des puissants du jour » (4).

Le lendemain matin, 17 mars, la foule se rassembla de
nouveau devant les fenêtres de l'Empereur en l'appelant à
grands cris; il se montra au balcon (5), salua le peuple et des-

(1) L'ameublement est aujourd'hui dispersé. Le lit où l'Empereur
passa la nuit appartient actuellement à M. Henri Chanut, l'aimable
propriétaire de l'hôtel du Chapeau-Rouge. C'est un lit en acajou,
orné de têtes de Minerve en bronze.

(2) Lefol, *Souvenirs*, page 49. Le lieutenant passa la nuit dans
l'écurie avec les chevaux de l'Empereur. Le lendemain, il était tellement raide et engourdi par l'humidité dont ses vêtements étaient
imprégnés, qu'on fut obligé de le transporter dans la cuisine auprès
d'un bon feu.

(3) Né à Pont-de-Veyle (Ain) le 3 septembre 1785. Mis en non-
activité après les Cent Jours, devint commissaire-priseur à Moulins,
puis notaire. (J. Durieux, *Feuilles d'Histoire*, 1ᵉʳ avril 1912.)

(4) Joseph Durieux, *Feuilles d'Histoire*.

(5) Lefol, *Souvenirs*. Un « habitant honorable d'Avallon » ra-
conta au lieutenant Lefol que l'Empereur aurait manqué d'être
assassiné en se présentant à la fenêtre. « Dans la foule se trouvait

cendit aussitôt pour monter en voiture. Dans la cour où se trouvait la calèche de l'Empereur se pressait « une foule de personnes de tout âge, de toute condition, surtout d'anciens militaires, donnant les marques d'une satisfaction générale » (1).

Napoléon parut très touché de cette démonstration en sa faveur et distribua encore deux ou trois croix. A ce moment, l'hôtesse vint lui présenter ses deux petites filles; l'Empereur, qui tenait à se montrer bonhomme et paternel, les embrassa (2). On partit immédiatement pour Auxerre aussi simplement que l'on était arrivé.

Mais si l'allégresse ne fut pas unanime, si Avallon fut peut-être après Autun la seconde ville qui manqua vraiment d'enthousiasme, le souvenir du grand homme hante cependant toujours la chambre qu'il occupa :

> Il s'est assis là, grand'mère...
> Il s'est assis là !

et la glace du trumeau qui subsiste encore a reflété son profil césarien (3).

L'Empereur laissait dans la prison de la ville Etienne Perrin du Lac, sous-préfet de Semur, qu'il avait fait arrêter par la gendarmerie à Saulieu (4), pour s'être distingué dans la réaction royaliste de 1814 « contre tout ce qui était vraiment français ». Perrin du Lac resta emprisonné jusqu'au 11 mai, sans que les faits qui lui étaient reprochés aient jamais été bien

---

un homme muni d'un pistolet qu'il devait décharger sur Napoléon; mais soit que le cœur lui eût manqué, soit qu'il fût troublé par le remords au moment de commettre cette lâche action, soit aussi qu'il n'eût pas le temps de l'ajuster, ce crime n'eut heureusement pas lieu. Le malheureux eût tiré qu'il eût été immédiatement mis en pièces, car l'enthousiasme qui se manifestait dans la foule était à son comble. »

(1) Lefol, op. cit.

(2) Lefol. S'il faut en croire Fabry, Napoléon aurait, à Chalon, baisé la main de la servante de l'hôtel qui lui présentait un bouquet de violettes. Mais ce témoignage est bien suspect.

(3) Au mois d'août 1911, on a posé sur la façade de l'hôtel une plaque commémorative du séjour de l'Empereur.

(4) *L'Ile d'Elbe et les Cent Jours.*

éclaircis (1); Louis XVIII devait le récompenser en le nommant sous-préfet de Beaune le 2 août suivant (2).

Les troupes ne cessèrent d'arriver après le départ de l'Empereur, elles étaient harassées par les marches forcées, et la Municipalité leur fit distribuer du vin (3), « louable sollicitude envers les braves défenseurs de l'Etat, tendant à soulager la classe peu aisée des citoyens ».

Dans la soirée, on vit s'arrêter devant l'hôtel de la Poste « un officier général, dont le chapeau était orné de plumes blanches » (4). C'était le maréchal Ney, qui allait rejoindre l'Empereur à Auxerre (5).

(1) Que pouvaient reprocher au Sous-Préfet de Semur (Côte-d'Or) les habitants de Chissey (arrondissement d'Autun) ? (Barjaud-Dessignes à Gamot, 3 avril 1815. Arch. Yonne, *Les Cent Jours*. Il semble que ce fonctionnaire ait été victime de vengeances particulières. L'Empereur avait donné l'ordre « de le faire juger et punir ». (Monier, *Une Année de la vie de Napoléon*.)

(2) *Moniteur*. Perrin du Lac fut remplacé à Semur par Brandt. Son frère François-Marie, né à Auzy (Saône-et-Loire) le 23 septembre 1767, était sous-préfet de Sancerre. (Archives de la Légion d'honneur.)

(3) Registre des délibérations du Conseil municipal, 24 avril et 16 octobre 1815. Les rations furent fournies par les nommés Millard, Melchior, Marchand et Rousseau. Les bons sont visés par le général Saint-Clair et le Sous-Préfet, faisant fonction de commissaire des guerres.

(4) Lieutenant Lefol, *Souvenirs*.

(5) L'entrevue eut lieu à la Préfecture, dans la matinée du 18 mars.